CW0047050?

Titolo originale 猫を棄てる 父親について語るとき
(*Neko o suteru. Chichioya ni tsuite kataru tokini boku no kataru koto*)

© 2019 Murakami Haruki

La prima edizione giapponese è stata pubblicata nel giugno 2019
sulla rivista «Bungeishunjū», Bungeishunjū Ltd., Tōkyō

L'*haiku* a p. 49 è stato tradotto da Andrea Maurizi

© 2020 Giulio Einaudi editore s.p.a., Torino
www.einaudi.it

ISBN 978-88-06-24602-0

Murakami Haruki

Abbandonare un gatto

Dove parlo di mio padre

Illustrato da Emiliano Ponzi

Traduzione di Antonietta Pastore

AD EILLEN E
SIMONE

Einaudi

Abbandonare un gatto

Cosa ricordo di lui…

Molte cose, naturalmente. È ovvio, visto che abbiamo vissuto sotto lo stesso tetto, tutti i giorni, in una casa piuttosto piccola, da quando sono nato fino a quando sono andato ad abitare per conto mio, a diciott'anni. E, come succede nella maggior parte dei casi tra padre e figlio, abbiamo avuto momenti belli e momenti difficili. Quelli che però mi tornano in mente con piú forza, chissà perché, non sono né i primi né i secondi, ma piuttosto episodi banali, che non hanno nulla di straordinario.

Questo, ad esempio.

Quando vivevamo a Shukugawa (nel comune di Nishinomiya, prefettura di Hyōgo), un giorno lui e io andammo in bicicletta fino alla spiaggia per abbandonare un gatto; non un gattino: una femmina già cresciuta. Ora non so piú per quale motivo avessimo preso quella decisione. La nostra casa aveva un giardino abbastanza grande da permetterci di tenere un gatto. Può anche darsi che fosse una randagia venuta a stabilirsi da noi, finché i miei genitori scoprirono che era incinta e si

dissero che occuparsi dei gattini sarebbe stata una gran seccatura. I miei ricordi sono molto vaghi. A quell'epoca, al contrario di oggi, liberarsi di un gatto era una cosa normale che non attirava nessuna critica. E l'idea di farlo sterilizzare non era nemmeno concepibile. Dev'essere successo verso la metà degli anni Cinquanta, perché io frequentavo la prima o la seconda elementare. Le devastazioni provocate dalla guerra erano ancora visibili, vicino a casa nostra c'erano le rovine di una banca bombardata dagli americani.

Ad ogni modo, un pomeriggio d'estate partimmo per andare ad abbandonare quella gatta.

La mettemmo in una scatola che tenevo io, seduto dietro sul portapacchi della bicicletta, mentre mio padre pedalava. Seguendo la strada lungo il fiume Shukugawa arrivammo alla spiaggia di Kōroen, che distava da casa nostra forse due chilometri, posammo la scatola fra alcuni alberi e ripartimmo senza quasi voltarci indietro. A quei tempi la costa non era stata ancora invasa dal cemento, alla spiaggia di Kōroen c'era molta gente e si poteva fare il bagno. L'acqua era pulita, e durante le vacanze estive ci andavo anch'io quasi tutti i giorni a nuotare con gli amici. A quel tempo i genitori non ci trovavano nessun motivo di preoccupazione, di conseguenza eravamo liberi di sguazzare nell'acqua quanto volevamo. Ricordo anche di aver preso una magnifica anguilla sull'estuario del fiume, una volta.

Comunque, dopo aver detto addio alla gatta sulla spiaggia di Kōroen, mio padre e io ce ne tornammo a casa. Scesi dalla bicicletta, un po' dispiaciuti ma rassegnati – non c'era altra soluzione –, apriamo la porta di casa e chi vediamo lí, a coda dritta, ad accoglierci con un affabile «miao»? La gatta che avevamo appena abbandonato! Ci aveva preceduti, era tornata! Come accidenti aveva fatto? Senza contare che noi eravamo tornati in bicicletta! Anche mio padre era stupefatto. Per qualche secondo restammo senza parole.

Ancor oggi rivedo l'espressione attonita di mio padre in quel momento. Ma subito la sua sorpresa si mutò in ammirazione, e poi in sollievo. Insomma, decidemmo di tenere la gatta. Visto che aveva fatto tutta quella strada, se lo meritava, dovevamo ammetterlo.

Abbiamo sempre avuto dei gatti, ci piacevano. Per me, figlio unico, erano amici fantastici. E, insieme ai libri, dei compagni preziosi. Adoravo stare col gatto di turno a prendere il sole sulla veranda (nelle case di quell'epoca c'era sempre una di quelle verande che si aprono sul giardino). Allora che bisogno c'era di abbandonare quella gatta sulla spiaggia? Perché non mi ero opposto? Questo – insieme al fatto che fosse tornata a casa piú in fretta di noi – ancora adesso per me resta un mistero.

Un altro ricordo di mio padre (a proposito, si chiamava Murakami Chiaki): ogni mattina, prima di fare colazione, mio padre si inginocchiava davanti al *butsudan* – il piccolo altare dei morti presente in ogni casa –, chiudeva gli occhi e recitava a lungo e con trasporto i sutra. In realtà non si può dire che fosse un vero e proprio altare. Era una piccola scatola cilindrica di vetro, che conteneva un bel *bodhisattva*, finemente scolpito. Non so che fine abbia fatto quella statuetta; da quando mio padre è morto non l'ho più vista, e a un certo punto è sparita. Ormai resta solo nella mia memoria. Né so perché mio padre, ogni mattina, recitasse le preghiere davanti a quella scatola di vetro, e non davanti a un normale *butsudan*... è una delle cose che non ho mai capito.

In ogni caso, per lui era un rito irrinunciabile, segnava l'inizio della giornata. Per quanto ricordo, non ha mai mancato una volta di compiere quello che chiamava «il suo dovere», e nessuno poteva disturbarlo. L'aura solenne che in quei momenti scendeva su di lui mi impediva di rivolgergli la parola. Quella sua concentrazione fuori dal comune non era qualcosa che si potesse semplicemente considerare «un'abitudine quotidiana».

Una volta, da bambino, gli chiesi per chi pregasse. «Per le anime di chi è morto in guerra», mi rispose. Per i soldati giapponesi, ma anche per i cinesi, che erano i nostri nemici. Non mi disse altro,

e io non gli feci ulteriori domande. Anche se lui
non sembrava restio a parlare. Se avessi insistito,
ho l'impressione che qualche spiegazione in piú
me l'avrebbe data. Ma c'era qualcosa – l'atmosfe-
ra di quel momento, o una qualche reticenza dentro di me – che me lo impedí.

Dovrei raccontare un po' di mio padre. Era nato il 1° dicembre del 1917, secondo figlio del priore del tempio Anyōji, a Kyōto, nella municipalità
di Sakyō-ku, quartiere di Awataguchi. Una generazione sfortunata, cos'altro si può dire? Quando
aveva solo pochi anni, in Oriente un'epoca di pace
e di democrazia era al termine, il nostro paese stava andando incontro a una grave crisi economica
e ben presto sarebbe sprofondato nel pantano della guerra contro la Cina e nella tragedia di un conflitto mondiale. Mio padre era riuscito a sopravvi-
vere, con angoscia e accanimento, all'incredibile
confusione e alla povertà del secondo dopoguerra.
Come tutti, portava sulle spalle una piccola parte
della sfortuna della sua generazione.

Suo padre, cioè mio nonno Murakami Benkishi,
era nato in una famiglia di ricchi agricoltori della
prefettura di Aichi. Come succedeva spesso ai figli cadetti, fu mandato al vicino tempio buddista
per diventare prete. Pare che negli studi non fos-

se particolarmente brillante, ma dopo aver fatto il
suo noviziato in diversi templi della zona, alla fine era diventato priore del tempio Anyōji a Kyōto.
Un bel risultato per lui, trattandosi di un tempio
di media grandezza che contava quattro o cinque-
cento famiglie di fedeli.

Quando il poeta Takahama Kyōshi visitò questo
tempio, scrisse i versi:

> *Anyōji*
> *Al grande portale*
> *Fiori di campo*

Io sono cresciuto nella zona tra Osaka e Kōbe,
quindi non ho avuto molte occasioni di far visita
a mio nonno, che abitava a Kyōto nel tempio, e
non ho molti ricordi di lui, perché è morto quando ero ancora piccolo. Pare che fosse una persona
estroversa con un debole per l'alcol, di conseguenza capitava spesso che si ubriacasse. Tenendo fede
al suo nome – *ben* significa, tra le altre cose, «elo-
quenza» –, era bravo a svolgere le sue funzioni di
prete e si era conquistato la fiducia della gente. A
prima vista sembrava un uomo franco e di mente
aperta. Ricordo che aveva un certo carisma, e una
voce limpida e forte.

Aveva sei figli, tutti maschi. Era in ottima salute e si godeva la vita, quando disgraziatamente, il 25 agosto del 1958, poco prima delle nove del mattino, mentre attraversava i binari a un passaggio a livello incustodito, fu travolto da un treno e morí. In quei giorni un terribile tifone aveva colpito la regione di Kinki (un tratto della linea Tōkaidō era stato sospeso), pioveva forte, e mio nonno, che si riparava sotto un ombrello, forse non si sarà accorto che dalla curva stava arrivando un treno. Purtroppo era anche un po' sordo. A dirla tutta, ricordo di aver sentito dire che forse era ancora sotto l'effetto dell'alcol – a causa del tifone si era fermato a dormire presso una famiglia di fedeli e stava tornando a casa –, ma consultando i giornali dell'epoca ho trovato una versione del tutto diversa.

Piú tardi, appena ricevuta la notizia, mio padre stava uscendo per precipitarsi a Kyōto, quando mia madre gli disse fra le lacrime: – Di una cosa sola ti supplico: rifiuta di assumere la successione del tempio –. Io avevo solo nove anni, ma quella scena ce l'ho ancora impressa nella mente. Una scena che mi colpí come se l'avessi vista al cinema in un film in bianco e nero. Mio padre, il volto inespressivo, si limitò ad annuire in silenzio. Non diede una risposta chiara (o io non la sentii), ma credo che avesse già deciso cosa fare. Per lo meno, io ebbi quest'impressione.

Come ho già detto, erano sei fratelli. Tre di loro avevano combattuto nella guerra contro la Cina. Per miracolo, o forse solo grazie alla loro buona sorte, tutti e tre erano tornati sani e salvi, senza gravi conseguenze. Uno era stato fra la vita e la morte sul fronte birmano durante la Seconda guerra mondiale; un altro, iscritto al corso preparatorio delle squadre speciali – i piloti votati al suicidio –, era poi sopravvissuto; quanto a mio padre, era scampato per un pelo alla morte piú di una volta (ne parlerò piú avanti), ma bene o male se l'era cavata. E per quanto ne so io, tutti e sei i fratelli erano in grado di diventare preti buddisti, perché da piccoli avevano tutti ricevuto quel tipo di educazione. Per inciso, mio padre aveva il grado medio-basso di «abate», che equivale piú o meno a «sottotenente» nell'esercito. D'estate, durante i giorni della festa dei Morti, i sei fratelli si riunivano a Kyōto per un breve soggiorno, durante il quale visitavano le famiglie dei fedeli. Poi la sera facevano festa e finivano sistematicamente per sbronzarsi. L'amore per l'alcol sembravano averlo nel sangue. Diverse volte ho accompagnato mio padre a Kyōto, per la festa dei Morti, e ricordo che mi sentivo oppresso dal caldo afoso della città. Fare in bicicletta il giro delle visite, per di piú con la veste liturgica addosso, doveva essere una bella fatica.

Cosí, quando mio nonno Benkishi morí, si impose l'enorme, cruciale problema della successio-

ne. Quasi tutti i figli avevano famiglia, e un lavoro. A dire la verità, nessuno si immaginava che mio nonno morisse cosí presto, all'improvviso. In Giappone, per indicare una disgrazia del tutto inattesa, si suole dire: «Come acqua fredda nelle orecchie». In questo caso era vero alla lettera. Il nonno aveva settant'anni, ma era in piena forma e nulla lasciava pensare a una sua prossima fine. Se non fosse stato investito da un treno il mattino del tifone...

Non so quali discussioni ci siano state tra i fratelli dopo la morte del nonno. Il piú grande lavorava a Osaka all'Ufficio delle imposte, dove aveva raggiunto il grado di vicecaposezione, mentre mio padre, il secondo figlio, insegnava giapponese al liceo Kōyō Gakuin, nella zona dove vivevamo, e anche gli altri erano insegnanti o studiavano ancora in accademie legate al buddismo. Due di loro erano stati adottati dalle famiglie delle rispettive mogli, di cui avevano preso il cognome[1]. Comunque fosse, quando si riunirono per discutere della successione, nessuno di loro si offrí volontario. Diventare priore di un tempio di quell'importanza non era un compito facile, e avrebbe costituito un pesante fardello per ogni famiglia. Ne erano

---

[1] Pratica tradizionale che permette a una famiglia che non ha figli maschi di adottare il marito di una figlia. Questi assume cosí i diritti e i doveri di un figlio naturale [N.d.T.].

consapevoli tutti. Inoltre mia nonna, ormai vedova, era una donna piuttosto severa, poco incline all'indulgenza, e per una nuora convivere con lei non sarebbe stato facile. Tanto meno per mia madre, che veniva da una famiglia di commercianti di Osaka (il negozio, nel quartiere di Senba, era bruciato durante la guerra). Le piacevano le cose allegre e divertenti, e diventare la moglie del priore di un tempio a Kyōto non era certo nelle sue corde, considerando l'ambiente dov'era cresciuta. Niente di strano che chiedesse tra le lacrime a mio padre di rinunciare.

In realtà era proprio lui il piú indicato a prendere il posto del nonno – ma qui esprimo solo il mio punto di vista personale. Anche se ho la sensazione che questa fosse l'opinione condivisa dei parenti, o la loro aspettativa, benché nessuno la esprimesse ad alta voce. Altrimenti perché mia madre l'avrebbe pregato in tono cosí disperato? Il figlio maggiore – mio zio Murakami Shimei – da giovane avrebbe voluto diventare veterinario, ma per una serie di motivi dopo la guerra si era ritrovato funzionario all'Ufficio delle imposte, ed era comprensibile che non volesse lasciare quell'ottimo posto per diventare priore. Dal mio punto di vista, mio padre era una persona seria e responsabile. Ogni tanto, in famiglia, quando alzava un po' il gomito tendeva alla malinconia, ma di solito era di buon umore. Sapeva anche parlare in pubblico. Per questi diversi motivi, avrebbe potuto diventare un buon prete buddista. Non aveva ereditato il carattere aperto e franco del nonno (era piuttosto schivo) ma i suoi modi affabili erano rassicuranti. Inoltre aveva una fede sincera. Penso che sapesse lui stesso quanto il suo carattere lo rendesse idoneo a diventare priore di un tempio.

In passato, avrebbe voluto continuare gli studi e fare la carriera universitaria e, nel caso non ci fosse riuscito, forse aveva anche pensato di seguire la strada della religione, quindi credo che, se fosse stato celibe, non avrebbe rifiutato di prendere il posto del nonno. Ma all'epoca aveva qualcosa da proteggere: la sua piccola famiglia. Mi sembra ancora di vedere la sua espressione amara durante quella discussione tra fratelli.

Alla fine fu il maggiore, mio zio Shimei, a rinunciare al suo lavoro di funzionario e a trasferirsi con la famiglia nell'Anyōji per diventarne il priore. E in seguito suo figlio, cioè mio cugino Junichi, ne ha assunto la successione ed è l'attuale priore del tempio. A sentire Junichi, suo padre, essendo il maggiore, aveva accettato per senso del dovere, per assecondare, diciamo cosí, un destino. In realtà, non è che avesse molte alternative. Una volta le famiglie dei fedeli avevano un potere molto piú grande di adesso e non era facile sottrarsi alle loro aspettative.

Tutti e sei i fratelli, compreso mio padre, ormai sono morti. L'ultimo – quello scampato alle squadre speciali – è morto alcuni anni fa. Quando vedeva un corteo di giovani di destra sfilare in macchina per le strade di Kyōto, era solito mormorare: «Voi non sapete cosa sia davvero la guerra, altrimenti non vi permettereste di fare i vostri proclami…»

Da bambino, mio padre era stato mandato come novizio in un tempio di Nara, forse con la speranza che venisse adottato dalla famiglia del prete. Lui però non mi ha mai parlato di quel periodo, né a me né a nessun altro. Non amava raccontare di sé, del suo passato, e quest'episodio io l'ho appreso da mio cugino Junichi. All'epoca non era raro che quando si avevano tanti figli, per ridurre il numero di bocche da sfamare, uno o due, primogenito escluso, venissero dati in adozione o mandati come novizi in un tempio. Tuttavia mio padre, dopo essere rimasto per qualche tempo a Nara, poté tornare a Kyōto. La ragione ufficiale fu la sua salute cagionevole, poco resistente al freddo, ma credo che il motivo principale fosse la sua difficoltà a adattarsi al nuovo ambiente. Dopo essere tornato a casa non venne piú mandato via, rimase a vivere con i genitori all'Anyōji. Quell'esperienza però aveva lasciato una ferita profonda nel suo cuore di bambino, potevo sentirla anch'io. Non era qualcosa di cui avevo consapevolezza, ma una vaga aura che lo accompagnava.

Ricordo bene la sua espressione, quando vide

che la gatta abbandonata sulla spiaggia era tornata a casa prima di noi: stupore, poi ammirazione,
poi sollievo.

Io non ho mai fatto un'esperienza simile alla
sua. Sono cresciuto in una famiglia del tutto ordi-
naria, che mi ha allevato con relativa cura. Quindi
non posso capire cosa provi un bambino che si sen-
ta «abbandonato» dai genitori, quanto grave sia la
sua ferita. Lo posso solo immaginare. Credo che un
ricordo del genere diventi una cicatrice invisibile,
una cicatrice che cambierà forma e profondità, ma
accompagnerà chi la porta forse fino alla morte...

François Truffaut ha raccontato nelle sue memorie di essere stato obbligato, da bambino, a vivere lontano dai genitori (quasi scartato come un
ingombro). Per questo, nei suoi film ha sempre
inseguito il tema dell'abbandono. Tutti, chi piú
chi meno, avranno probabilmente un'esperienza
dolorosa che non possono dimenticare, o che non
riescono a esprimere a parole, e se la porteranno
nella tomba.

Mio padre si era diplomato nel 1936 alla Higashiyama Gakkō di Kyōto, legata al tempio Anyōji,
che a quell'epoca era specializzata in studi buddistici. Il percorso educativo per diventare priore era estremamente severo e includeva un ritiro
di tre settimane al tempio Kōmyōji (durante il quale, tre volte al giorno, i novizi dovevano versarsi

acqua fredda sulla testa, nella stagione invernale,
per acquisire la forza di carattere necessaria). Dopo la Higashiyama Gakkō, a diciott'anni si iscrisse alla Seizan Senmongakkō, di nuovo una scuola
a indirizzo buddista. Non so quali fossero i suoi
progetti, ma in quanto figlio di un prete non aveva
molta scelta. Durante gli anni di studio presso la
Seizan Senmongakkō, fino al diploma, era esentato
dal servizio militare, ma avendo dimenticato di fare la domanda all'ufficio competente (cosí mi disse
lui), nell'agosto del '38, a vent'anni, prima di termi-
nare il suo percorso accademico, venne arruolato.
Di sicuro si trattava di un errore burocratico, ma
una volta che la procedura era in corso, non potevi
piú tirarti indietro con tante scuse. La burocrazia e
l'esercito funzionano cosí. I formulari sono tutto.

Mio padre venne assegnato al 20° reggimento della 16ª divisione di fanteria, quella di Fukuchiyama. Questo reggimento adesso fa parte della
7ª divisione delle forze di autodifesa, ma la direzione centrale ha sede nello stesso edificio di allora e
porta ancora, al cancello principale, l'insegna 20°
REGGIMENTO DI FANTERIA.

La 16ª divisione si componeva principalmen-
te di quattro reggimenti: il 9° stanziato nella città
di Kyōto, il 20° a Fukuchiyama (nella prefettura di
Kyōto), il 33° a Tsu (nella prefettura di Mie), e il
38° a Nara. Non era chiaro perché mio padre, che

aveva la residenza a Kyōto, fosse stato arruolato
nel reggimento di Fukuchiyama e non in quello
della sua città.

Grosso modo è quello che ho creduto per molto
tempo, ma quando sono poi andato a controllare ho
scoperto che le cose stavano un po' diversamente.
In realtà non era stato assegnato al 20° reggimento
di fanteria, ma al 16° logistico, che faceva anch'es-
so parte della 16ª divisione e aveva il quartier ge-
nerale a Kyōto, Fushimi-ku, Fukakuwa-chō. Allora
per quale motivo avevo sempre pensato che avesse
fatto parte del 20°?

Non lo so, ma in ogni caso questa convinzione
mi ha impedito a lungo di informarmi sul passato
militare di mio padre, o diciamo piuttosto di deci-
dermi a farlo. Dopo la sua morte, ho tergiversato
per cinque anni, pur dicendomi che era mio dovere fare una ricerca.

Perché?

Il 20° reggimento di fanteria era stato il primo
ad arrivare a Nanchino dopo la caduta della città. Le unità provenienti dalla prefettura di Kyōto
erano note per il loro comportamento controllato
(scherzando, le si chiamava «i soldati dell'antica
corte imperiale»), ma il 20° di Fukuchiyama faceva eccezione e aveva la reputazione di essere particolarmente sanguinario. Quindi mio padre, che
ne faceva parte, era anche lui fra i responsabili del
massacro di Nanchino? Questo dubbio mi ha an-
gustiato a lungo, ed è uno dei motivi che mi hanno

trattenuto dal cercare dettagli concreti sui suoi anni di servizio militare. E anche dal fargli domande,
quando era ancora vivo, riguardo agli anni della
guerra. Cosí, nell'agosto del 2008, mio padre è morto all'età di novant'anni per il diabete e un tumore
diffuso, senza che io gli avessi chiesto niente, senza che ci fossimo parlati. Si è spento all'ospedale
Nishijin di Kyōto. A causa della lunga malattia era
molto debole fisicamente, ma fino all'ultimo la sua
coscienza è rimasta vigile, la memoria e la parola
non lo hanno mai abbandonato.

Era stato arruolato il 1° agosto del 1938, mentre
il 20° reggimento di fanteria si era conquistato la
sua orrenda fama con la conquista di Nanchino nel
dicembre del '37. Quasi un anno prima. Quando
l'ho saputo, ho provato un immenso sollievo, mi
sono tolto un peso dal cuore.
   Anche dopo la conquista di Nanchino, terribili battaglie si susseguirono sul suolo cinese. Nel
maggio seguente cadde Xuzhou, al termine di una
feroce battaglia fu catturata anche Wuhan, poi le
truppe, inseguendo i battaglioni sconfitti, si spo-
starono verso ovest e continuarono a combattere
senza riposare un solo giorno.
   Soldato di seconda classe nel 16° reggimento
logistico, mio padre si imbarcò nel porto di Uji-
na il 3 ottobre 1938, e arrivò a Shanghai il 6 ottobre. Lí il suo reggimento si uní al 20° fanteria.

Secondo le direttive in vigore nell'esercito, il 16°
reggimento logistico era incaricato soprattutto
di portare i rifornimenti e assicurare la scorta, e
a questo scopo partecipò a diverse battaglie: ad
Hankou il 25 ottobre, ad Anlu lungo il fiume Han
il 17 marzo dell'anno seguente, e inoltre a quella
che ebbe luogo dal 20 aprile al 24 maggio a Suizao.

Seguendone i movimenti, si nota che aveva
percorso distanze straordinarie per quell'epoca e,
considerando che le truppe disponevano di pochi
mezzi motorizzati e si spostavano soprattutto a ca-
vallo, quei lunghi viaggi devono essere stati este-
nuanti. Al fronte i rifornimenti scarseggiavano, la
penuria di cibo e munizioni era cronica, le unifor-
mi erano a pezzi, a causa delle pessime condizioni
sanitarie si verificavano di continuo casi di colera
e altre malattie infettive. La situazione era dram-
matica. Medici e medicine non erano mai sufficienti, e molti soldati soffrivano le pene dell'inferno a
causa delle carie ai denti. Per il Giappone, con la
sua forza limitata, controllare un territorio esteso
come la Cina era impossibile. L'esercito riusciva
a conquistare una città dopo l'altra, ma occupare
intere regioni non era pensabile.

Le memorie lasciate dai soldati del 20° reggimento dipingono un quadro tragico della situazione. Fra questi, alcuni ammettevano onestamente
che purtroppo erano avvenuti dei massacri, altri
negavano asserendo che erano tutte invenzioni.
Comunque sia, mio padre si trovava sulla linea

insanguinata del fronte cinese. La sua squadra
era incaricata soprattutto dei cavalli da trasporto. Per un esercito cronicamente povero di mezzi e di carburante, i cavalli erano un aiuto indi-
spensabile. Di sicuro ben piú importanti dei soldati. Le truppe logistiche non erano direttamente
coinvolte nei combattimenti, ma non per questo si
trovavano meno esposte al pericolo. Essendo do-
tate solo di armi leggere (soprattutto baionette),
quando il nemico attaccava alle spalle, le perdite
erano numerosissime.

Poco dopo essere entrato alla Seizan Senmongakkō, mio padre aveva iniziato a partecipare a un
circolo di poesia dedicato agli *haiku*. Ne ha lasciati
un gran numero composti in quei giorni. Ne anda-
va letteralmente pazzo. Molti di quelli che scrisse
al fronte sono raccolti in un'antologia dell'acca-
demia. Probabilmente li aveva spediti per posta.

> *Uccelli che migrano*
> *Ah, dove andranno mai?*
> *Forse alla madre terra*
>
> *Un soldato e un prete,*
> *a mani giunte*
> *rivolto alla luna*

Io non sono un esperto di *haiku*, quindi non saprei valutarne il valore. Ma non mi è difficile immaginare uno studente ventenne mentre li compone. Sostenuto, piú che dalla tecnica, dalla sincerità dell'emozione.

Mio padre, fra le colline di Kyōto, aveva studiato per diventare prete. Studiato con zelo, probabilmente. Ma per un errore burocratico era diventato soldato. Dopo un addestramento durissimo gli avevano dato un fucile Type 38, l'avevano messo su un cargo per il trasporto delle truppe e mandato sul fronte cinese, dove si svolgevano battaglie spaventose. Le truppe combattevano imperterrite contro un nemico che opponeva una resistenza disperata, e poi contro la guerriglia. Era un mondo all'estremo opposto della vita serena in un tempio sulle colline di Kyōto. La confusione spirituale e lo shock, il conflitto morale, dovevano essere terribili. In mezzo a quel putiferio, nello scrivere *haiku* mio padre avrà trovato qualche consolazione. Ciò che non avrebbe potuto scrivere in una lettera, a causa della censura, lo esprimeva in forma di poesia – in un codice simbolico, insomma –, riuscendo cosí a manifestare i suoi veri sentimenti. Per lui, quello era diventato l'unico, prezioso spazio di evasione. Anche dopo la guerra, ha continuato a comporre *haiku*.

Mio padre mi ha parlato solo una volta della guerra, quando mi raccontò dell'esecuzione di un prigioniero cinese catturato dal suo reggimento. Non so cosa l'avesse spinto a confidarsi. Era un fatto accaduto tanto tempo prima, in circostanze poco chiare, un ricordo isolato. All'epoca avevo appena cominciato le elementari, e lui mi descrisse quell'esecuzione con un certo distacco. Il soldato cinese, pur sapendo che stava per essere ucciso, non si agitava né sembrava spaventato, stava seduto in silenzio, con gli occhi chiusi. Venne decapitato. Quell'uomo si era comportato in modo esemplare, mi disse mio padre. Credo che abbia sempre nutrito un profondo rispetto per quel soldato ucciso.

Non so se l'abbiano solo obbligato a guardare, mentre la decapitazione veniva eseguita da qualche suo compagno di reggimento, o se abbia dovuto parteciparvi in prima persona. Anche i miei ricordi sono confusi, o magari il racconto di mio padre era ambiguo, e ormai non ho piú modo di sapere la verità. In ogni caso, comunque siano andate le cose, quell'evento aveva di sicuro lasciato nel suo animo – di soldato e di buddista – una profonda cicatrice.

In quei giorni succedeva spesso, nell'esercito giapponese che operava sul continente cinese, di incaricare delle condanne a morte le nuove reclute e i riservisti, per abituarli a uccidere. Nell'opera di Yoshida Yutaka intitolata *I militari giapponesi* si può leggere:

Fujita Shigeru, comandante del 28° reggimento di cavalleria dal 1938 fino al 1939, ricorda di aver dato ai suoi uomini riuniti le seguenti istruzioni: «Per abituare i soldati a combattere al fronte, obbligarli a uccidere è il mezzo piú rapido. In altre parole, imporre una prova di coraggio. A questo scopo, si possono usare i prigionieri. In aprile verranno arruolate nuove reclute, quindi è necessario cogliere quest'occasione per preparare i giovani a essere forti nella battaglia». E ancora: «A questo scopo, uccidere con un'arma da taglio è piú efficace che non fucilare».

Ammazzare prigionieri inermi era ovviamente una violazione disumana delle leggi internazionali, ma all'epoca, nell'esercito giapponese, pare venisse considerata una pratica normale. Tanto per cominciare, non c'erano risorse sufficienti per nutrire i prigionieri. Dal 1938 al 1939 è esattamente il periodo in cui mio padre venne arruolato e fu poi mandato in Cina, e non mi sorprenderebbe che i soldati dei bassi ranghi venissero obbligati a tali atti di violenza. Molte delle condanne a morte venivano eseguite per fucilazione, o colpendo

il prigioniero con una baionetta, ma ricordo mio
padre dire che quella volta fu usata una *katana*.

In ogni modo, la scena crudele di un uomo
decapitato con una spada, va da sé, rimase forte-
mente impressa nella mia mente di bambino. In
altre parole, quel pesante fardello che mio padre
si portava dietro – oggi si direbbe il trauma – lo
ha poi trasmesso in parte a me, suo figlio. È cosí
che funzionano le relazioni umane, è cosí che funziona la storia.

Era sostanzialmente il «trasferimento di un'e-
redità», e un rito. Per quanto si trattasse di un'a-
zione orribile dalla quale siamo tentati di disto-
gliere gli occhi, dobbiamo accettarla come parte
di noi stessi. Altrimenti, quale significato avrebbe la storia?

Mio padre non parlava mai della sua esperienza
al fronte. E non aveva certo piacere di ricordare
o descrivere un'esecuzione alla quale aveva partecipato, o assistito. Tuttavia aveva provato il bisogno di trasmettere a me, sangue del suo sangue,
il resoconto di quell'episodio, a rischio di lasciare
una ferita nello spirito di entrambi. Naturalmente
questa è solo una mia supposizione, ma non posso
fare a meno di pensare che sia andata cosí.

Il 20° reggimento di fanteria, insieme all'unità di mio padre, tornò in Giappone il 20 agosto del '39. E lui, terminato il servizio militare di un anno, tornò a studiare alla Seizan Senmongakkō. L'anno seguente l'esercito tedesco invase la Polonia, e in Europa scoppiò la Seconda guerra mondiale. A quell'epoca, il servizio militare era di due anni, ma mio padre ne fece solo uno. Il perché non lo so, ma può darsi che abbiano tenuto conto del fatto che era uno studente. Appena tornato, riprese con passione a dedicarsi agli *haiku*. Questo, scritto nel 1940, era probabilmente un benvenuto alla «gioventú hitleriana» in visita in Giappone:

> *Cantano forte*
> *per chiamare i daini*
> *i giovani hitleriani*

All'epoca la Germania e il Giappone erano amici, ma noi non eravamo ancora entrati in guerra.

Non so perché, a me questo *haiku* piace, mi sembra che colga un momento oscuro della storia da un angolo originale. Impressiona il contrasto tra il sangue delle battaglie in terre lontane, e i daini (probabilmente quelli di Nara). Chissà, forse quei giovani tedeschi che si godevano il viaggio nel nostro paese erano destinati a morire nel rigido inverno del fronte russo.

Anniversario della morte di Issa
io siedo qui
con i suoi tristi versi
(Novembre 1940)

Anche questo suo *haiku* mi affascina. Al di là di un mondo di quiete e serenità, si sente l'eco del caos. Ci sarà voluto del tempo per arrivare a questo risultato poetico.

A mio padre studiare piaceva. Lo studio per lui era anche un mezzo per vivere. Adorava la letteratura, e quando è diventato professore ha continuato a leggere molto. Casa nostra era sempre piena di libri. Se io nell'adolescenza sono diventato un lettore, lo devo anche a lui. Mio padre, che a scuola aveva sempre avuto ottimi voti, si è diplomato con lode alla Seizan Senmongakkō, e in seguito è entrato nel dipartimento di Letteratura dell'Università imperiale di Kyōto. Superare il severissimo esame di ammissione, dopo aver fatto degli studi buddistici per diventare prete, non sarà stato facile.

Mia madre mi diceva spesso: «Tuo padre ha una mente brillante». Non so quanto fosse davvero intelligente, né lo sapevo allora e, per dirla tutta, non è una cosa che mi interessi. Per una persona che fa il mio mestiere, cioè, che qualcuno sia intelligente o meno non ha molta importanza. Perché per scrivere è necessario essere dotati, piú che di intelligenza, di libertà di spirito e di una forte intuizione. Di conseguenza non mi succede mai di dividere le persone in intelligenti o meno. In questo sono molto lontano dal mondo accademico. Comunque è un fatto che tutta la carriera scolastica di mio padre è stata davvero eccellente.

In confronto, disgraziatamente (è il caso di dirlo), io non ho mai avuto alcun interesse per le materie di studio, i miei voti erano appena sufficienti, dal primo all'ultimo giorno di scuola. Mi dedicavo con passione alle cose che mi piacevano, e mi disinteressavo di tutte le altre: è il mio carattere, sono sempre stato cosí. Nulla di strano che sia stato uno studente mediocre, dalle elementari al liceo.

Questo, per mio padre, era una grossa delusione. Di sicuro, vedendo quanto poco tempo dedicavo allo studio nelle mie giornate, si sarà detto con amarezza: «In confronto a me quando ero giovane, è nato in un'epoca di pace e potrebbe studiare quanto vuole, senza che niente lo disturbi, allora perché non ha il minimo entusiasmo?» Credo sperasse che fossi il primo della classe; che facessi il percorso che non aveva potuto fare lui, a causa dei tanti ostacoli che gli aveva messo davanti la sua epoca. Avrebbe sacrificato qualunque cosa, a questo scopo.

Io però non potevo rispondere alle sue aspettative. Non sono mai riuscito a dedicarmi nello studio anima e corpo, mai. A scuola, trovavo le lezioni noiose, e tutto il sistema di insegnamento monotono e repressivo. Questo ha portato mio padre a una cronica frustrazione e me a un cronico malessere (con una componente inconscia di collera). Quando all'età di trent'anni esordii come scrittore, mio padre ne fu veramente felice, ma ormai la nostra relazione si era raffreddata e fra noi si era creata una certa distanza.

Ancora oggi, malgrado tutto, continuo ad avere la sensazione – o per lo meno il vago sospetto – di aver sempre deluso mio padre, di aver tradito le sue speranze. È ovvio che dopo aver superato una certa età, ho capito che ogni persona è fatta a modo suo, ma quando ero adolescente non mi sentivo a mio agio nel mio ambiente famigliare. Mi portavo dentro un vago senso di colpa. A volte sogno ancora che sono a scuola e devo sostenere un esame. Peccato che non sia in grado di rispondere neanche a una domanda. Il tempo passa senza che io riesca a scrivere una parola, benché sappia bene che se non lo supero, quell'esame, per me saranno guai... Un incubo ricorrente, insomma. E mi sveglio bagnato di sudore.

A quel tempo, però, restare seduto alla scrivania per fare diligentemente i compiti, al fine di migliorare anche solo di poco i miei risultati, non aveva per me alcun significato; era molto piú im-

portante leggere i libri che mi piacevano, ascoltare musica, fare sport all'aria aperta, giocare a mahjong con gli amici e uscire con qualche ragazza. E adesso, col senno di poi, posso dire che avevo ragione.

Noi tutti non possiamo che respirare l'aria del nostro tempo, sopportarne il peso e crescere dentro la sua cornice. Non è né un bene né un male, semplicemente funziona cosí. Allora come adesso, i giovani si comportano in maniera irritante per i loro genitori.

Ma torniamo da dove eravamo partiti.

Mio padre si è diplomato alla Seizan Senmongakkō nella primavera del 1941, e nell'ottobre dello stesso anno fu richiamato nell'esercito. Il 3 ottobre era di nuovo soldato, prima nel 20° reggimento di fanteria (Fukuchiyama), poi nel 53° logistico che era parte della 53ª divisione.

La 53ª divisione doveva prendere il posto della 16ª, che era stata in Manciuria per tutto il 1940. Se mio padre all'inizio fu assegnato al reggimento di Fukuchiyama, probabilmente è dovuto alla confusione che comportava riorganizzare tutto (come ho detto, pensavo che fosse arruolato in quest'ultimo fin dal suo primo servizio militare). La 53ª divisione fu mandata in Birmania nel '44, partecipò alla battaglia di Imphal, e da dicembre al marzo del '45 venne quasi decimata dagli inglesi nella battaglia del fiume Irrawaddy. Il reggimento logistico di mio padre partecipò a tutti questi terribili combattimenti.

L'insegnante di *haiku* di mio padre, Suzushika Noburo (1887-1971, a Kyōto il Centro culturale Noburo Kaikan è intitolato a lui), firma della rivista «Hototogisu» e allievo del poeta Takahama Kyōshi, nel suo *Diario di haiku*, sulla pagina del 30 settembre del 1941, annota questi versi firmati da mio padre:

> *Spezzo l'ascia*
> *una seconda volta sullo scudo:*
> *autunno nel paese.*

Si possono interpretare cosí: «Per la seconda volta sono chiamato a difendere il paese». All'epoca, si potevano scrivere solo poesie con questo tono patriottico, ma in questo caso, dietro le parole «una seconda volta», si sente una sorta di rassegnazione. Mio padre avrebbe volentieri condotto una pacifica vita di studio, ma il corso violento della storia non glielo aveva permesso.

Inaspettatamente, il 30 novembre del 1941, dopo appena pochi mesi, venne congedato e poté tornare alla vita civile. Otto giorni prima dell'attacco a Pearl Harbor. Dopo, non credo che gli sarebbe stato concesso.

Mio padre mi ha raccontato che fu un ufficiale a salvargli probabilmente la vita. All'epoca lui era un soldato scelto, e un giorno fu chiamato da quest'ufficiale che gli disse: – Sei uno studente dell'Università imperiale di Kyōto, sarai piú utile al paese continuando a studiare che facendo il soldato –. E subito dopo venne congedato. Non riesco a capire come un solo ufficiale abbia potuto decidere una cosa del genere. Far tornare all'università mio padre, che non era uno scienziato ma un letterato, per permettergli di studiare poesia, non mi sembra proprio che si potesse considerare qualcosa di «utile al paese» (a meno di avere la lungimiranza di considerare le cose in una prospettiva molto remota). Mio padre non me ne ha quasi parlato, ma forse c'era dietro qualche altra ragione piú complicata. In ogni caso, aveva terminato il suo dovere di militare ed era un uomo libero.

Questa è la storia che mi ha raccontato quando ero bambino, per quel che ricordo. È un episodio molto significativo, peccato che non concordi con i fatti. Gli annali dell'Università imperiale di Kyōto riportano che mio padre entrò nel dipartimento di Letteratura nell'ottobre del '44. Quindi c'è qualcosa che non quadra: quell'ufficiale non poteva avergli detto «sei uno studente…» eccetera. Forse è la mia memoria a fare confusione. Oppure è stata mia madre a raccontarmi la storia, ed è stata lei a mischiare gli eventi. Ormai non c'è modo di controllare cosa fosse vero e cosa no, perché la sua memoria è completamente offuscata.

Stando agli annali, comunque, mio padre si iscrisse all'Università imperiale nell'ottobre del '44 e si laureò nel settembre del '47 (durante la guerra, eccezionalmente, succedeva che uno studente si iscrivesse in ottobre e si laureasse tre anni dopo in settembre). Però non so cos'abbia fatto né dove sia stato dai ventitre ai ventotto anni. Immagino che lavorasse come aiutante in un tempio, e intanto scrivesse *haiku* e si preparasse per l'esame di ammissione all'università, ma non ne sono sicuro. Ancora adesso è un mistero.

La Seconda guerra mondiale scoppiò nel Pacifico subito dopo il suo congedo.

La 16ª divisione dalla Manciuria fu trasferita per mare nelle Filippine. Il 24 dicembre del 1941 il 20° reggimento provò a sbarcare nella baia di Lamon, a nord dell'isola di Luzon, proprio davanti al nemico, dove si scontrò con una formidabile resistenza delle forze americane. A questa battaglia presero parte i due campioni di salto con l'asta Nishida Shūhei e Ōe Sueo, che avevano vinto rispettivamente le medaglie d'argento e di bronzo alle Olimpiadi di Berlino del '36: Ōe fu colpito al petto. Per pura coincidenza, spirò fra le braccia del fratello, che era medico militare. Malgrado le gravi perdite, la divisione venne spostata nella penisola di Bataan, sempre sull'isola di Luzon, dove nel corso di una battaglia che durò tre mesi inflisse una pesante sconfitta alle forze americane.

Tuttavia nella campagna delle Filippine e in quelle successive, la 16ª divisione venne quasi completamente annientata. I soldati che non morivano per mano delle truppe regolari nemiche erano decimati dalla guerriglia locale, o soccombevano alla malaria, o alla fame: dei diciottomila effettivi iniziali, alla fine del conflitto ne rimasero in vita solo cinquecentottanta.

Quando diceva che era «scampato per un pelo alla morte», mio padre probabilmente voleva dire che poteva finire con la 53ª divisione sul disgraziato fronte birmano nell'ultima fase della guerra. Se quello fosse stato il suo destino, ovviamente io non sarei nato. Si può dire che è stato fortunato, eppure per lui essere ancora in vita, quando i suoi ex commilitoni erano quasi tutti morti nel lontano fronte di guerra meridionale (di molti di loro non furono mai recuperate le ossa), era un motivo di dolore e un peso morale. Ora capisco perché ogni mattina, pensando a loro, recitava i sutra con fervore, a occhi chiusi.

Tra l'altro, anche quando studiava all'Università di Kyōto, mio padre continuò a comporre *haiku*, ed era un membro entusiasta del Kyōdai Hototogisu-kai, un circolo di studenti che si ispirava alla famosa rivista di poesia. Pare che abbia partecipato anche alla pubblicazione della rivista di *haiku* «Kyōrokushi», ricordo che a casa c'era una montagna di numeri arretrati.

Dopo essere entrato all'Università imperiale di Kyōto, ancora una volta mio padre venne richiamato dall'esercito, nel giugno del 1945. Non fu assegnato né alla 16ᵃ né alla 53ᵃ divisione, che non esistevano piú, ma alla 143ᵃ unità, che era di stanza in Giappone, non so esattamente dove. Era un'unità motorizzata, probabilmente leggera. Due mesi dopo però, il 15 agosto, la guerra finí, il 28 ottobre i soldati vennero ufficialmente smobilitati, e lui poté tornare ai suoi studi. Insomma, in quell'immensa tragedia che fu la guerra, mio padre era riuscito a salvare la pelle. Aveva ventisette anni.

Sono nato nel 1949. Lui nel '47 si era laureato ed era stato ammesso al dottorato, ma a causa dell'età e della sua situazione famigliare – era sposato e aveva un figlio – abbandonò gli studi prima della tesi e per guadagnarsi da vivere accettò un posto di professore di giapponese alla Kōyō Gakuin, a Nishinomiya. Non so quali circostanze abbiano portato i miei genitori a sposarsi. Vivevano in due città diverse – lui a Kyōto e lei a Osaka – e probabilmente erano stati presentati l'uno all'altra da qualche conoscente. In realtà mia madre avrebbe dovuto sposare un altro uomo, un insegnante di musica che era morto in guerra. E il negozio di suo padre a Senba era stato ridotto in cenere da una bomba americana. Mia madre

ricordava bene le sue corse disperate per le strade di Osaka per sfuggire agli attacchi degli aerei Grumman. Anche la sua vita era stata stravolta dalla guerra. Però – per cosí dire – grazie a tutte queste circostanze, sono nato io.

Sono venuto al mondo in un ospedale di Kyōto, ma i miei ricordi iniziano quando ci eravamo già trasferiti nel comune di Nishinomiya. Di conseguenza non ho la sensazione di essere nato a Kyōto, né ho la mentalità della gente di Kyōto, mi sento piuttosto vicino agli abitanti della zona tra Osaka e Kōbe. Tutte e tre le città sono nella regione del Kansai, ma il modo di parlare, di pensare e vedere le cose è leggermente diverso in ognuna. In questo senso, posso dire che l'ambiente nel quale si è formato il mio carattere non è né quello di mio padre, né quello di mia madre.

Anche lei, che adesso ha novantasei anni, è stata insegnante. Si è diplomata in letteratura alla Shōin Joshi Senmongakkō, a Osaka, e in seguito ha insegnato in quello stesso istituto, ma dopo il matrimonio ha lasciato il lavoro. Ricordo che una volta, nel 1964, leggendo sul giornale che Tanabe Seiko aveva vinto il premio Akutagawa, ha detto: – Ah, questa io la conosco! – Forse erano state compagne di corso alla Shōin Joshi.

A sentire mia madre, da giovane mio padre aveva trascorso un periodo piuttosto sregolato. L'esperien-

za terribile della guerra lo aveva segnato, era frustrato perché la vita stava andando in una direzione diversa da quella che aveva immaginato... insomma, i motivi potevano essere tanti. Beveva troppo, e gli succedeva di malmenare gli allievi. Col passare degli anni, però, sia il suo carattere che il suo comportamento si erano ingentiliti. Ogni tanto si immalinconiva, esagerava con l'alcol (cose per le quali mia madre lo rimproverava spesso), il suo umore peggiorava, ma io, come figlio, non ho brutti ricordi di lui in casa. Probabilmente lasciava sedimentare nel silenzio del suo cuore tutte quelle memorie dolorose, e si mostrava a suo modo tranquillo.

Credo di poter dire, obiettivamente, che era un ottimo insegnante. Quando è morto, tanti suoi ex studenti sono venuti al suo funerale, ero sorpreso dal loro numero. Pare che gli fossero molto affezionati. Molti di loro erano diventati medici, motivo per cui è stato seguito con cura particolare mentre era ricoverato in ospedale.

Anche mia madre era stata una brava insegnante, infatti dopo la mia nascita, malgrado fosse ormai una casalinga, spesso le sue ex allieve (che non dovevano essere molto piú giovani di lei) passavano a trovarla. Eppure io non ho alcuna propensione all'insegnamento.

Un'altra cosa che ricordo bene, riguardo a mio padre, è che quando ero bambino, spesso mi portava al cinema. La domenica mattina apriva il giornale, controllava che film proiettassero nelle sale della zona (ora non so, ma all'epoca a Nishinomiya ce n'erano diverse), e se ne trovava uno interessante mi portava a vederlo in bicicletta. Erano quasi esclusivamente western o film di guerra americani. Lui della guerra, di quella che aveva conosciuto, non parlava, ma non aveva problemi a guardarla in una messa in scena cinematografica. Motivo per cui ricordo piuttosto bene tanti film degli anni Cinquanta, ho visto quasi tutti quelli di John Ford. Mentre i film di Mizoguchi Kenji e di altri registi giapponesi, che venivano considerati «poco adatti ai bambini», i miei genitori andavano a vederli da soli; io restavo a casa, senza capire cosa volesse dire «poco adatto ai bambini».

Spesso mio padre e io assistevamo alle partite di baseball allo stadio Kōshien. Fino all'ultimo, mio padre è stato un grande tifoso degli Hanshin Tigers, e ogni volta che perdevano si arrabbiava. Il fatto che a un certo punto io abbia smesso di tifare per loro contribuiva al suo cattivo umore.

Anche dopo essere diventato insegnante, ha continuato a essere un appassionato di *haiku*. Quando aveva tempo, posava qualche vecchia raccolta sul tavolo e ne sfogliava con amore le pagine. Per lui le raccolte di *haiku* erano come la Bibbia per i cristiani. Ne ha pubblicate diverse anche lui, ma non le trovo piú. Chissà dove sono finite. A scuola teneva dei concorsi di *haiku* fra gli allievi e cercava di seguire quelli che erano dotati per la poesia. Diverse volte ha fatto assistere anche me. Una volta

ha organizzato un'escursione al tempio Ishiyama, ci siamo fermati in un vecchio eremo dove pare avesse soggiornato brevemente Bashō e lí mio padre ha tenuto un seminario di poesia. Quella scena pomeridiana, non so perché, ce l'ho ancora ben impressa nella memoria.

Chissà se nel profondo del cuore pensava di poter perdonare me, il suo unico figlio, per non aver fatto quello che lui riteneva il mio dovere? Crescendo, man mano che andavo formando la mia personalità, le frizioni tra noi sono aumentate, fino a diventare molto nette. Ed essendo entrambi piuttosto ostinati, nessuno dei due voleva cedere. Nell'esprimere la nostra opinione apertamente, in maniera diretta, credo che ci assomigliassimo. Se questo sia un bene o un male, non lo so.

Non ho intenzione di dilungarmi su questi attriti tra padre e figlio – rischierei di andare per le lunghe e di fare un discorso troppo intimo –, basterà l'avervi accennato. In conclusione, mi sono sposato giovane e ho iniziato presto a lavorare, col risultato che mi sono allontanato molto da mio padre. Soprattutto quando sono diventato uno scrittore professionista, il nostro rapporto si è complicato al punto che si è praticamente interrotto. Per piú di vent'anni non ci siamo visti, e a meno che non ci fosse una necessità impellente, non ci sentivamo né ci scrivevamo.

Siamo cresciuti in due ambienti diversi, appartenevamo a due generazioni diverse. Non avevamo la stessa concezione della vita e della società, è chiaro. Se a un certo punto, nel corso degli anni, avessi cercato di ricostruire il nostro rapporto, le cose forse sarebbero andate diversamente, ma ero troppo concentrato sui miei obiettivi per fare quello sforzo. Ero ancora giovane, avevo moltissime cose da realizzare, e avevo chiaro in testa lo scopo da perseguire. E questo per me era ben piú importante delle complicate relazioni tra padre e figlio. Inoltre, ovviamente, avevo la mia piccola famiglia da proteggere.

È solo poco prima della sua morte, che mio padre e io ci siamo finalmente rivisti. Io avevo quasi sessant'anni, lui novanta, ed era ricoverato all'ospedale Nishijin di Kyōto. Soffriva di una grave forma di diabete e di un tumore ormai diffuso in tutto il corpo e, uomo da sempre cosí forte e robusto, ormai ridotto pelle e ossa, era a stento riconoscibile. Lí, mio padre e io – negli ultimi giorni della sua vita – abbiamo avuto un dialogo impacciato e raggiunto una sorta di riconciliazione. Anche se non andavamo d'accordo su tante cose, davanti a lui ormai cosí magro, ho sentito nascere dentro di me la sensazione certa di un legame tra noi, un legame che mi dava forza.

Ad esempio, c'era stata quell'esperienza bellissima, e al contempo enigmatica, che avevamo condiviso: quel giorno d'estate in cui eravamo

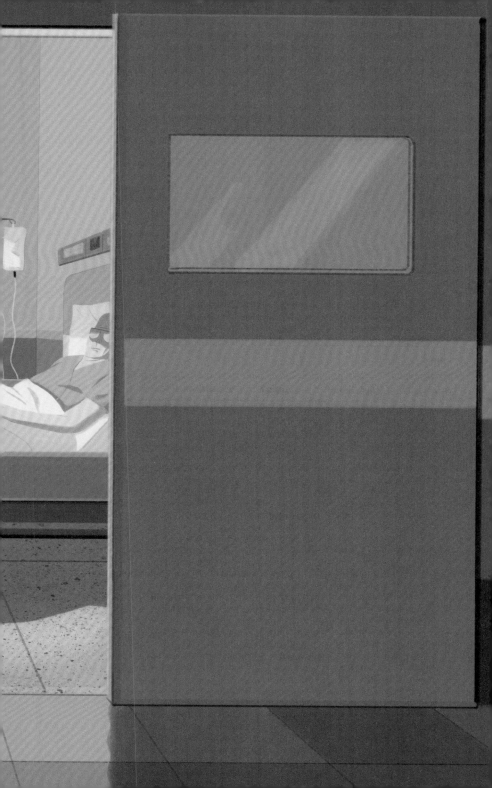

andati in bicicletta fino alla spiaggia di Kōroen
per abbandonare la gatta, e il fatto che la gatta
fosse tornata a casa prima di noi. Ricordo ancora
come se fosse oggi il rumore delle onde sul bagna-
sciuga, il profumo del vento che soffiava fra i pini.
È l'accumularsi di queste piccole cose che mi ha
formato, che mi ha reso la persona che sono ora.

Dopo la morte di mio padre, un po' anche per
riallacciare i contatti con i parenti, ho incontrato
diverse persone che lo frequentavano e che mi hanno raccontato varie cose su di lui.

Non so quanto questi ricordi personali possano interessare i lettori. Ma io riesco a pensare sol-
tanto scrivendo (sono negato per la teorizzazione
astratta), ho bisogno di rivangare la memoria, ri-
considerare il passato e trasformarlo in parole che
si vedano e in frasi che si possano leggere. E piú
scrivo, piú leggo e rileggo, piú provo la strana sensazione di diventare trasparente. Se alzo una mano
verso il cielo, a volte, ho l'impressione di poterci
vedere attraverso.

Se mio padre, invece di essere smobilitato, fosse
finito nelle Filippine o in Birmania... se il professore di musica fidanzato con mia madre non fosse
morto in guerra... Quando immagino una di queste
eventualità, capisco che sarei potuto non nascere
mai, ed è una sensazione davvero strana. Non esi-
sterebbe la mia coscienza. Né esisterebbero i libri

che ho scritto. A questo pensiero, il fatto stesso che io, un piccolo scrittore, sia vivo, mi sembra un'illusione priva di realtà. Il mio significato in quanto individuo poco per volta perde chiarezza. Nulla di strano che riesca a vedere attraverso la mia mano.

Ho un altro ricordo della mia infanzia in cui è coinvolto un gatto. Ne ho già fatto l'episodio di un mio romanzo, ma ne riparlo ora. È un episodio realmente accaduto.

Avevamo un gattino bianco. Ho dimenticato come fosse arrivato da noi, quando ero bambino a casa nostra c'erano sempre gatti che venivano e se ne andavano. Ricordo però che era un gattino dal pelo soffice, davvero carino.

Una sera, mentre stavo seduto in veranda, vidi il gattino arrampicarsi velocemente su un pino (nel nostro giardino ce n'era uno bellissimo). Sembrava volesse mostrarmi com'era agile e coraggioso. La velocità con cui era salito e poi scomparso fra i rami dell'albero mi lasciò stupefatto, e rimasi a guardare immobile. Però a un certo punto il gatto cominciò a lamentarsi, come se chiedesse aiuto. Si era arrampicato troppo in alto, e ora aveva paura e non sapeva piú scendere. I gatti sono bravi a salire sugli alberi, ma non a tornare giú. Peccato che quel gattino non lo sapesse. Era salito euforico, e quando aveva capito a che altezza si trovava, di sicuro era rimasto paralizzato.

Andai ai piedi del pino e guardai in alto, ma
non riuscivo a vederlo. Sentivo solo la sua flebile
voce. Chiamai mio padre e gli spiegai cos'era successo. Volevo che facesse qualcosa per il gatto. Lui
però non poteva aiutarlo. Non avevamo una scala
che arrivasse tanto in alto. Il gattino continuava
a piangere, e intanto il sole tramontava. Finché il
buio avvolse il pino.

Non so cosa sia successo alla fine a quel gatto.
Il mattino dopo non lo si sentiva piú. Da sotto, lo
chiamai piú volte, rivolto verso l'alto, ma non rispose. C'era solo silenzio.

Poteva darsi che durante la notte fosse sceso
e se ne fosse andato (ma dove?). Oppure sempre
piú stanco, lassú fra i rami del pino, aveva perso
le forze, la sua voce si era fatta sempre piú debole,
finché lentamente era morto. Seduto nella veranda
davanti al pino, riuscivo a immaginarmelo. Quel
gattino bianco che a poco a poco si spegneva, di-
speratamente aggrappato a un ramo, le piccole un-
ghie conficcate nel legno.

È un ricordo della mia infanzia che mi ha lasciato una forte impressione. Inoltre mi ha insegnato
una cosa importante: nella vita, scendere è molto piú difficile che salire. In termini piú generali,
spesso il risultato va al di là dello scopo e lo rende
inutile. A volte è un gatto a restare ucciso, a volte
un essere umano.

Comunque sia, quello che volevo dire con questo testo è una cosa sola: sono il figlio qualunque di un uomo qualunque. È ovvio, lo so. Ma piú mi fermo ad approfondire questa verità, piú mi convinco che tutto è sempre stato frutto del caso. Invece noi esseri umani, per tutta la vita, consideriamo un destino eventi che dipendono dal caso.

In altre parole, ognuno di noi è una delle innumerevoli, anonime gocce di pioggia che cadono su una vasta pianura. Una goccia che ha una sua individualità, ma è sostituibile. Eppure quella goccia di pioggia ha i suoi pensieri, ha la sua storia e il dovere di continuarla. Non lo dobbiamo dimenticare. Anche se si perde la propria individualità per essere inglobati e annullati in una qualche massa. Anzi, dovrei dire «proprio perché si è inglobati in una massa».

Ogni tanto penso a quell'albero nella nostra casa di Shukugawa. A quel gattino ancora aggrappato a un ramo, ormai ridotto a un mucchietto di ossa bianche, come un ricordo indelebile. E penso alla morte, alla difficoltà di tornare giú sulla terra, tanto lontana da dare le vertigini.

Postfazione

Un piccolo frammento di storia

Da tanto tempo avevo in mente di scrivere qualcosa di adeguato su mio padre, ormai scomparso, ma ho lasciato passare gli anni senza nemmeno provarci. Non è facile parlare di qualcuno della propria famiglia, scegliere da dove e in che modo iniziare (io per lo meno non riesco a farlo a cuor leggero). Cosí mi sono tenuto dentro questa intenzione per molto tempo, come una spina rimasta in gola. Finché, per caso, mi sono ricordato che una volta, da bambino, ero andato con mio padre ad abbandonare un gatto su una spiaggia; ho cominciato a scrivere da lí, e il racconto è venuto fuori da solo, molto piú facilmente di quanto avessi pensato.

Una delle cose che ho voluto dire in questo testo è che la guerra provoca, nella vita e nello spirito di una persona – di un anonimo, comune cittadino –, enormi e profondi cambiamenti. Cambiamenti di cui io, cosí come sono qui adesso, costituisco il risultato. Se il destino di mio padre avesse imboccato una strada anche solo un poco diversa, non sarei esistito. La storia è questo: l'unica eventualità, fra innumerevoli altre, che si è attuata, senza se e senza ma.

La storia non appartiene al passato. È qualcosa che fluisce nella coscienza umana, o forse nell'inconscio, è una corrente di sangue vivo e caldo che, volenti o nolenti, ci trasmettiamo da una generazione all'altra. In questo senso, ciò che ho scritto qui è una vicenda individuale, ma al tempo stesso un tassello della grande storia che ha formato il mondo nel quale viviamo. Ne è solo un minuscolo frammento, eppure ne fa indubbiamente parte. Ora questa vicenda, io non l'ho raccontata con l'intenzione di trasmettere qualche messaggio. Nella misura del possibile, ho voluto presentarla per quello che è, un frammento anonimo della storia. A sostenere il corso della narrazione, da dietro le quinte, c'erano i quattro gatti che in passato hanno condiviso la loro vita con me.

Nella verifica di molti fatti e circostanze, in occasione della prima pubblicazione sulla rivista «Bungeishunjū» mi sono avvalso dell'aiuto dei redattori della rivista stessa. Ne sono loro profondamente grato.

MURAKAMI HARUKI

Febbraio 2020.

Stampato per conto della Casa editrice Einaudi
presso ELCOGRAF S.p.A. - Via Mondadori, 15 - Verona
nel mese di novembre 2020

C.L. 24602

Ristampa

0   1   2   3   4   5   6

Anno

2020   2021   2022   2023